Ingrid Moras

Glücksbringer aus Perlen

CHRISTOPHORUS
BRUNNEN-REIHE

Inhalt

Perlen bringen Glück

Seit Jahrtausenden werden in allen Kulturen Amulette, Talismane und Glücksbringer getragen, die beschützend auf ihre Träger wirken. Sie sollen negative Energien absorbieren und positive Kräfte aktivieren und so helfen, gewünschte Ziele zu erreichen.

Eine Auswahl von bekannten und bei uns noch nicht so bekannten Glücksbringern findet sich in diesem Buch. Viele glauben unerschütterlich an ihre positive Wirkung, andere wollen von diesem „Zauber" nichts wissen. Aber warum nicht in kritischen Situationen auf einen geschenkten Glücksbringer vertrauen und ihn zum Beispiel mit in die Prüfung nehmen? Und sei es nur deshalb, weil er mit Liebe gefertigt und geschenkt wurde und weil es schön ist, an das Glück zu glauben.

Ein herziges Glücksschwein, eine niedliche Schildkröte, ein kleiner Käfer, ein Glücksdrache oder ein nettes Bärchen machen das Leben einfach etwas schöner, stärken die Zuversicht und können damit eigentlich nur Glück bringen.

Also, ein wenig Spaß, ein wenig Glück – und schon gelingt alles im Leben etwas leichter!

Ingrid Moras

Das Material

Die Perlen

Die kleinen *Rocailles*, auch *Indianerperlen* genannt, mit dem Durchmesser von 2,5 mm (oder auch 5 mm) sind im Fachhandel erhältlich. Nach Geschmack und Angebot kann man zwischen opaken, matten, gelüsterten, irisierenden, transparenten Perlen, auch mit Farb- und Silbereinzug u.a. wählen. Für die Ketten werden auch *Schmuckperlen* und zum Fixieren *Quetschperlen* (2 mm Durchmesser) verwendet.

Der Messingdraht

Die 2,5-mm-Perlen werden auf einen *Messingdraht (0,3 mm Durchmesser)* aufgezogen. Für die 5-mm-Perlen einen *stärkeren Draht (0,4 oder 0,6 mm Durchmesser)* verwenden. Die Länge des Körperdrahts ist angegeben. Die Länge der eingezogenen Drähte für Details bewegt sich zwischen 30 und 80 cm. Genaue Angaben sind hier kaum möglich, da die Breite der Perlen erheblich variiert. Für die Ketten ist *mit Plastik ummantelter Stahldraht* gut geeignet.

Tipps für ein gutes Gelingen

- Eine großzügig bemessene Drahtlänge erleichtert das Anziehen der Drahtenden bei den Details.

- Der Draht darf beim Verarbeiten niemals Schlingen bilden! Sie werden beim Festziehen zu Knicken, die zum Bruch führen können. Schlingen deshalb immer vor dem Anziehen bogenförmig aufdrehen!

- Alle zusätzlichen Drähte für die Details immer bis zur Mitte durch eine Reihe des Körpers ziehen, solange diese noch nicht festgezogen ist. Die Reihen mit separat eingezogenen Drähten (zum Teil nur durch einige Perlen der Reihe) sind in der Vorlage nochmals neben dem Körper aufgezeichnet.

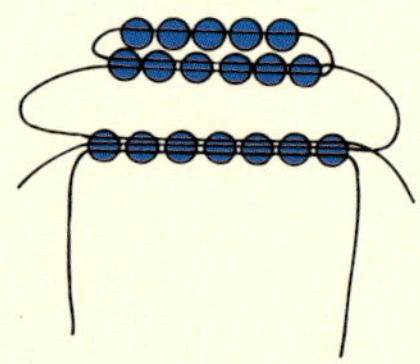

HINWEIS

Eine Schere zum Abschneiden des Drahtes und eine Pinzette zum Verdrehen der Drahtenden am Schluss werden immer benötigt und sind deshalb nicht mehr eigens aufgeführt.

Die Technik

Das Aufziehen der Reihen

Bei flachen und plastischen Körpern werden die Perlen in gleicher Weise als Reihen aufgezogen: Die Perlen der *ersten* Reihe immer *in die Mitte* des Drahtes schieben. Die Perlen der *zweiten (und jeder weiteren) Reihe* jeweils mit *einem* Drahtende aufnehmen und das *andere* Ende in *entgegengesetzter* Richtung durch die Reihe schieben. Bei den Vorlagen wird nur die Drahtführung am Anfang gezeigt. Alle Besonderheiten sind mit kompletter Drahtführung angegeben.

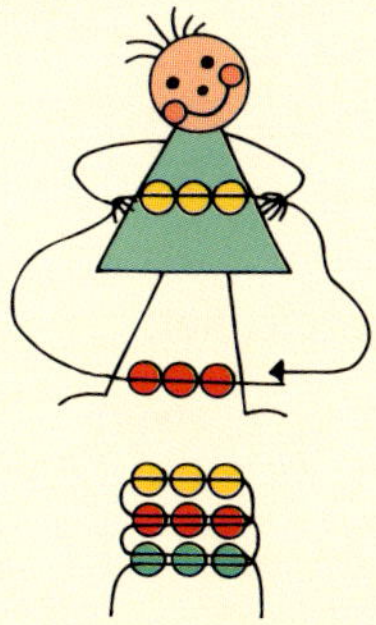

Am Schluss die Drahtenden „vernähen“: Ein Drahtende durch Perlen zum anderen Draht ziehen und mit diesem verdrehen, das verdrehte Stück wegbiegen. Oder beide Drahtenden mehrmals um den Führungsdraht wickeln.

Flache Figuren

Bei flachen Körpern oder Details die Reihen lückenlos aneinander schieben. Die Drahtenden so anziehen, dass die Reihen waagrecht sind und der Draht seitlich eng liegt. Bei der Vorlage bedeutet *eine* Reihe zwischen zwei Strichen, dass die Reihen *flach* gearbeitet werden.

Plastische Figuren

Die Körper oder Details werden plastisch, wenn Reihen im ständigen Wechsel nach oben und unten (bei Tierkörpern) bzw. vorne und hinten (bei Figuren) bzw. außen und innen (bei Beinen) gelegt werden. Wenn sich in der Vorlage *zwei* Reihen zwischen zwei Strichen befinden, bedeutet dies, dass die *erste* Reihe *oben* liegen muss und die *zweite unten.*

Wichtig: *Jede* Reihe rund nach oben oder unten wölben und die Drahtenden nach jeder Reihe gut nach unten oder oben anziehen, damit die seitliche Zickzacklinie des Drahtes möglichst klein und die Figur stabil wird.

Die Details

Dünne Details können mit einem Drahtende des Körpers gearbeitet werden. Für größere, flache oder plastische Details müssen separate Drahtstücke *immer bis zu ihrer Mitte* durch Perlen einer Körperreihe eingezogen werden. Für jedes dieser Details sind zwei Drahtenden nötig.

Tipp: Dünne Füße werden stabiler, wenn der Draht vor dem Anfertigen der nächsten Körperreihe jeweils einmal durch den seitlich sichtbaren Draht der vorausgehenden zwei Reihen gezogen wird oder wenn beide Drahtenden nochmals entgegengesetzt durch die letzte Reihe des Körpers geschoben werden.

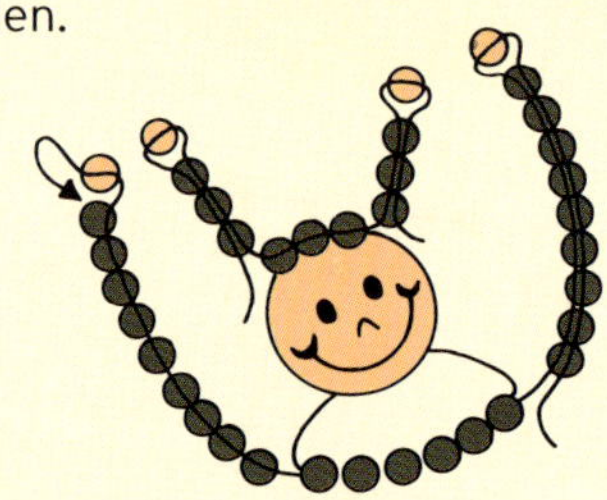

Dünne Perlenstränge

Dünne Perlenstränge (z.B. Fühler, abstehende Federn, dünne Beine, Zehen, Haare, eine Zunge u.a.) immer mit nur *einem* Drahtende des *Körpers* nach einer Reihe oder auch mitten in einer Reihe fertigen: Die Perlen auf den Draht aufschieben und den Draht durch alle Perlen mit Ausnahme der letzten zurückziehen. Dabei die Perlen *eng* an der Reihe (oder dem vorausgehenden Perlenstrang) festhalten.

Wenn Perlenstränge mitten in einer Reihe liegen, zunächst auf *ein* Drahtende abwechselnd die Perlen der Reihe und die Perlenstränge aufziehen, dann das andere Ende entgegengesetzt durch alle Perlen der Reihe schieben.

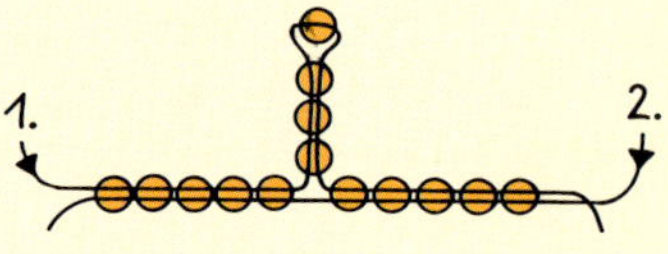

Plastische Beine
Plastische Beine (und Arme) werden ebenso gefertigt wie die Körper. Mit je zwei eingezogenen Drähten die Reihen im Wechsel nach außen und innen zum Bauch hin legen.

Ohren des Pferdes und des Schweines
Die Ohren des Pferdes: Mit *einem* Drahtende im Wechsel Perlen für die Reihe, Ohren und Perlenstränge als Mähne aufziehen, erst dann den anderen Draht entgegengesetzt nur durch die Perlen der Reihe schieben. Der Anfang: Drei Perlen der Reihe und fünf Perlen für das Ohr aufnehmen und den Draht durch die vierte Perle des Ohres zurückziehen. Zwei Perlen für das Ohr aufnehmen und den Draht durch die anfangs aufgezogene, erste Perle des Ohres zurückziehen, usw.

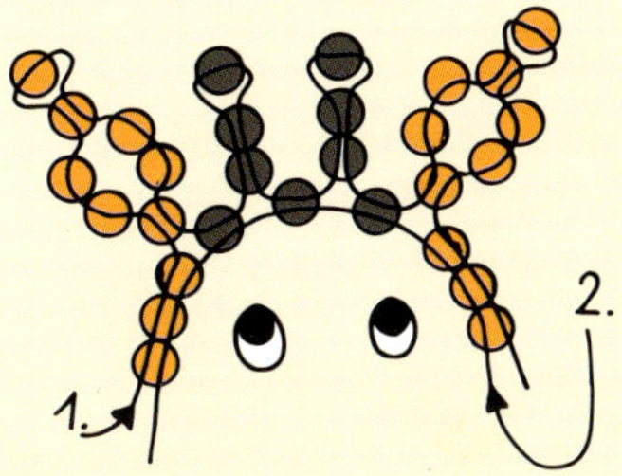

Die Ohren des Schweinchens: Nach dem Aufziehen der oberen Reihe mit jedem Drahtende in gleicher Weise ein Ohr arbeiten: Dazu acht Perlen für das äußere Ohr aufnehmen und den Draht durch die beiden äußeren Perlen der Reihe nach außen ziehen. Drei Perlen für das Innenohr aufziehen und den Draht nochmals durch die beiden Perlen der Reihe nach außen führen.

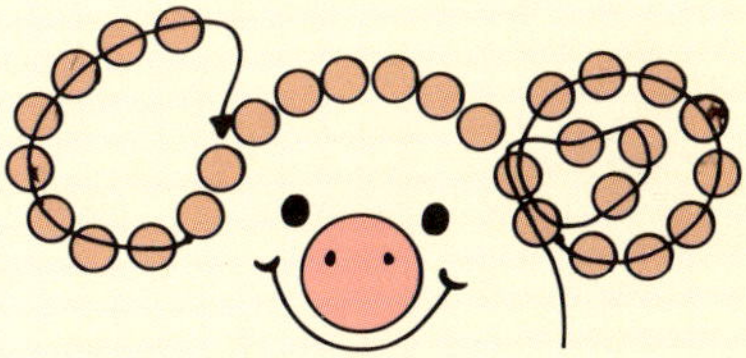

Blümchen
Blümchen mit *einem* Perlonfaden arbeiten. Sieben Perlen (= Blütenblätter) aufnehmen und den Faden nochmals durch die erste Perle ziehen. Eine Perle (= Blüteninneres) aufziehen und den Faden durch die vierte Blütenblätter-Perle zurückziehen.

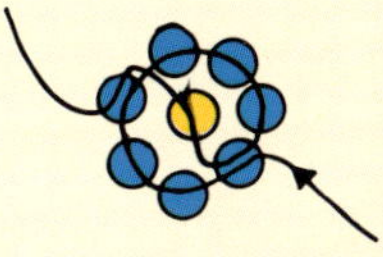

Traditionelle Glücksbringer

Schornsteinfeger, Glücksschwein und Fliegenpilz sind sicher die Glücksbringer, die jedem bekannt sind. Ganz unabhängig davon, ob man an ihre positive Wirkung nun glaubt oder nicht.

Material

Schornsteinfeger

- Rocailles in Schwarz, Altrubin, Hellbraun, 2,5 mm Ø
- Holzperle in Pink, 8 mm Ø
- Dekorlack in Schwarz
- Messingdraht, 0,3 mm Ø

Glücksschwein

- Rocailles in Altrubin, Schwarz, 2,5 mm Ø
- Messingdraht, 0,3 mm Ø

Fliegenpilz

- Rocailles in Weiß, Rot, 2,5 mm Ø
- Messingdraht, 0,3 mm Ø

Vorlagen 1 - 3

Schornsteinfeger

Die Figur plastisch mit einem 90 cm langen Draht von oben nach unten arbeiten. Für die plastischen Arme zwei Drähte einziehen, mit nur einem Drahtende die Finger arbeiten. Der Anfang des Hutes: Die ersten beiden Reihen mit je fünf Perlen aufziehen, mit *einem* Drahtende zwei Perlen aufnehmen, die das Loch in der Mitte ausfüllen, und den Draht nochmals durch die zweite Reihe schieben. Nach dem Hut eine Perle aufziehen, beide Drahtenden durch die Holzperle ziehen und den Körper arbeiten. Mit einem kurzen Draht eine Leiter fertigen und an der Hand fixieren. Das Gesicht aufmalen.

Glücksschwein

Das Schwein mit einem 1 m langen Draht plastisch von vorne nach hinten arbeiten. Nach der vierten oberen Reihe mit jedem Drahtende das Ohr fertigen (s. Seite 7). Die Reihen mit Beinen und Schwanz jeweils mit einem Drahtende arbeiten, dann das andere entgegengesetzt durch alle Perlen der Reihe schieben.

Fliegenpilz

Den Hut des Pilzes mit einem 80 cm langen Draht bis zu der mit einem Stern gekennzeichneten Reihe plastisch arbeiten. In diese Reihe einen 70 cm langen Draht bis zur Mitte einziehen und damit sofort den plastischen Fuß arbeiten. Dann den Hut um den Stiel herum beenden.

Indianische Ahnentiere

Nach dem Glauben vieler indianischer Stämme wohnt der Krähe eine göttliche Kraft inne. Die Schildkröte gilt bei dem indianischen Stamm der Mohawk als Schöpferin der Welt. Diese mythischen Ahnenwesen können die Mächte der alltäglichen Welt außer Kraft setzen.

Material

Schildkröte

- Rocailles in Braun, Gold, Hellgrün oder Hellblau, Schwarz, 2,5 mm Ø
- Messingdraht, 0,3 mm Ø

Rabe

- Rocailles in Grau, Schwarz, 2,5 mm Ø
- Rocailles in Weiß, 2,6 mm Ø
- Messingdraht, 0,3 mm Ø
- Dekorlack in Schwarz

Vorlagen 4 - 5

Schildkröte

Die Schildkröte mit einem 1,20 m langen Draht von vorne nach hinten plastisch fertigen, die letzten drei Reihen flach aneinander legen. Für die Beine vier Drähte einziehen. Die Reihen der Beine plastisch arbeiten.

Rabe

Den Raben mit einem 1,20 m langen Draht von vorne nach hinten plastisch arbeiten. Für die anliegenden Flügel zwei Drähte durch je drei Perlen einer oberen Reihe einziehen, die Reihen flach aneinander legen. Für die abstehenden Flügel des anderen Raben zwei Drähte durch Perlen von zwei oberen Reihen einziehen. Die Reihen des Flügels flach aneinander legen, nach jeder Reihe mit dem hinteren Drahtende eine lose Feder arbeiten. Zwei weitere Drähte für die Beine einziehen und sie plastisch arbeiten. Mit dem hinteren Draht die hintere Zehe fertigen, den Draht durch die vorletzte Reihe des Beines nach vorne ziehen und die drei Zehen vorne arbeiten. Ein schwarzes Auge auf die weiße Perle malen.

Sorgenpüppchen

Sorgenpüppchen oder Sandmännchen sind ein Glücksfall für die Nacht. Sie lassen Sorgen verschwinden und bewirken so einen ungestörten Schlaf, wenn man sie unters Kissen legt oder übers Bett hängt.

Material

Püppchen

- Rocailles in Gold, Smaragd, Weiß, Royal, Altrubin oder Weiß, Gelb, Hellgrün, Altrubin oder Rot, Weiß, Hellgrün, Altrubin, Schwarz, 2,5 mm Ø
- Messingdraht, 0,3 mm Ø
- Holzperle in Rosa, 8 mm Ø
- Dekorlack in Weiß, Schwarz

Sack

- Rocailles in Hellbraun, Weiß, 2,5 mm Ø
- Messingdraht, 0,3 mm Ø

Mond und Sterne

- Rocailles in Gelb, 2,5 mm Ø
- Messingdraht, 0,3 mm Ø
- Creole in Gold, 4 cm Ø
- Transparent-Nähfaden

Vorlagen 6 - 9

Die Püppchen

Das blaue (und andersfarbige) Püppchen mit einem 1 m langen Draht von oben nach unten plastisch arbeiten. Für die plastischen Arme zwei Drähte einziehen, die Finger mit nur einem Drahtende arbeiten. Der Anfang: Die fünf Perlen des Bommels in die Mitte des Drahtes schieben, ein Drahtende entgegengesetzt durch die erste Perle ziehen. Nach der mit einem Stern gekennzeichneten, vorderen Reihe mit einem Drahtende sechs Haarbüschel (= hinten) arbeiten. Mit dem gleichen Draht drei kurze Haarbüschel in die bereits vorhandene, vordere Reihe einbauen: Den Draht durch eine Perle dieser Reihe schieben, ein Haarbüschel mit zwei Perlen aufziehen, den Draht durch weitere zwei Perlen der Reihe ziehen, ein Haarbüschel arbeiten, den Draht durch die nächste Perle der Reihe ziehen, das letzte Haarbüschel legen und den Draht durch die letzten beiden Perlen der Reihe zum Ausgangspunkt zurückziehen. Eine Reihe mit einer Perle fertigen und beide Drahtenden durch die Holzperle ziehen. Den Körper plastisch arbeiten. Die Gesichter aufmalen.

Sack, Mond und Sterne

Den **Sack** plastisch von unten nach oben nach Vorlage 7 arbeiten und an der Hand des Püppchens fixieren. Den **Mond** plastisch nach Vorlage 8 fertigen, zum Schluss die Reihen in die Sichelform schieben. Kleine **Sterne** mit Messingdraht arbeiten, wie die Vorlage 9 zeigt. Mit einem transparenten Faden können Püppchen, Mond und Sterne an einer Creole angebunden werden.

Glückssymbole in Schwarzweiß

Die Zahl Sieben spielt in den verschiedensten Kulturen, Zeiten und Religionen eine große Rolle. Der „siebte Himmel“ ist ein Begriff aus dem Islam und steht dort für den Himmel aller Himmel, den bestmöglichen Ort.
Das Yin (weiblich) und Yang (männlich) sind die entgegengesetzten Prinzipien und kosmischen Grundkräfte in der chinesischen Naturphilosophie. Sie müssen sich, wie bei dem gezeigten Symbol, in vollkommener Harmonie befinden.

Material

Yin-Yang-Kette

- Rocailles in Weiß, Schwarz, 2,5 mm Ø
- Messingdraht, 0,3 mm Ø
- Stahldraht in Schwarz
- Quetschperlen in Silber, 2 mm Ø
- 2 Schmuckperlen in Weiß, 8 mm Ø
- Schraubenschließe in Silber

Magische Sieben

- Rocailles in Schwarz, Weiß, 2,5 mm Ø
- Rocailles in Schwarz, 5 mm Ø
- Messingdraht, 0,3 mm Ø
- Stahldraht in Schwarz
- Quetschperlen in Silber, 2 mm Ø
- Schraubenschließe in Silber

Vorlagen 10 - 11

Yin-Yang-Kette

Plastisch mit einem 70 cm langen Draht arbeiten. Die Reihen dabei nicht rund nach oben und unten biegen, sondern in gerader Linie nach oben und unten legen. Im Wechsel auf einen Stahldraht das Yin-Yang-Symbol, Schmuckperlen und Rocailles aufziehen. Die Perlenabschnitte durch Quetschperlen fixieren. Der Verschluss: Auf jedes Drahtende eine Quetschperle aufziehen, den Draht durch den Ring der Schraubenschließe ziehen und durch die Quetschperle zurückführen. Die Schlinge möglichst klein ziehen, dann die Quetschperle zusammendrücken.

Magische Sieben

Die Zahl Sieben mit einem 90 cm langen Draht plastisch arbeiten. Beim „Stern“ beginnen und die erste Reihe nach unten legen. Nach Anfertigen des Querbalkens den oberen Draht durch drei Reihen nach unten ziehen (s. Vorlage) und das zweite Stück der Sieben plastisch in gerader Linie arbeiten. Zum Schluss die Reihen schräg verschieben. Nach Wunsch die Sieben im Wechsel mit Perlen auf einen Stahldraht aufziehen, wie oben beschrieben.

Pferdeglück

Wer kennt nicht die schutz- und glücksbringende Kraft des Hufeisens? Nicht nur Reitern soll es Glück bringen. Einhörner versinnbildlichen darüber hinaus das Reine und Gute.

Material

Pferd

- Rocailles in Hellbraun, Gold, Schwarz, 2,5 mm Ø
- Messingdraht, 0,3 und 0,4 mm Ø
- Transparent-Nähfaden

Einhorn

- Rocailles in Grau, Weiß, Schwarz, 2,5 mm Ø
- Messingdraht, 0,3 und 0,4 mm Ø
- Transparent-Nähfaden

Hufeisen

- Rocailles in Hellbraun, Gold, Schwarz, 2,5 mm Ø
- Messingdraht, 0,4 mm Ø

Für die Kette zusätzlich

- Rocailles in Schwarz, 5 mm Ø
- Stahldraht in Gold
- Quetschperlen in Gold, 2 mm Ø
- Ringverschluss in Gold

Vorlagen 12 - 13

Pferd

Das Pferd von vorne nach hinten mit einem 2 m langen Draht (0,3 mm Durchmesser) plastisch arbeiten. Für die plastisch gefertigten Beine vier Drähte (0,4 mm Durchmesser) einziehen, für den Schwanz einen weiteren Draht. Die oberen Reihen mit Ohren und mit Mähnenhaaren zuerst mit einem Drahtende arbeiten, zum Schluss das andere Ende entgegengesetzt nur durch die Perlen der Reihe schieben (s. Vorlage). Für den Schwanz mit einem Drahtende drei Perlenstränge aufziehen, nach jedem Strang den Draht einmal um den Draht in der Mitte der Reihe wickeln. Wenn sich der Kopf nicht nach unten neigen soll, mit einem transparenten Faden die oberen Reihen mit Mähne zusammenbinden.

Einhorn

Das Einhorn nach der gleichen Vorlage arbeiten. Nasenlöcher, Mähne, Hufe und Schwanz mit grauen und die Augen mit schwarzen Perlen hervorheben, alle übrigen Perlen sind weiß. Für das plastische Horn einen zusätzlichen Draht einziehen, die letzten drei Reihen flach fertigen.

Hufeisen

Das Hufeisen zunächst in gerader Linie mit einem 1 m langen Draht plastisch arbeiten. Die Reihen nicht rund biegen. Zuletzt die Reihen in die Hufeisen-Form verschieben. Nach Wunsch eine Kette arbeiten. Die ringförmigen Quetschperlen mit einer kleinen Zange zusammendrücken.

Material

Schildkröten

- Rocailles in Gelb, Schwarz, Weiß, Ultramarin oder Grün oder Wasserblau, 2,5 mm Ø

Herzen

- Rocailles in Gelb, Orange, Rot, Ultramarin, Wasserblau, 2,5 mm Ø

Blüten

- Rocailles in Ultramarin, Grün, Gelb, Wasserblau oder Weiß, 2,5 mm Ø

Vögel

- Rocailles in Hellbraun, Wasserblau, Weiß, Ultramarin, Gelb, Orange, Rot, Hellbraun, Grün, 2,5 mm Ø

alle:

- Perlonfaden in Schwarz, 0,25 mm Ø
- Messingdraht, 0,3 mm Ø

Vorlagen 14 - 18

Glückssträhnen

„Glückssträhnen" kann jeder brauchen, ob als Hair-Wraps, Ketten oder lange Anhänger. Verbunden mit guten Wünschen werden die kleinen Schildkröten, Herzen, Vögel oder Blumen zu wahren Glücksbringern.

Hair-Wraps

1 Die **Schildkröten** mit je einem 30 cm langen Draht flach arbeiten. Eine Perle in die Mitte eines Perlonfadens schieben, im Wechsel Perlen und Schildkröten auf beide Enden des Fadens aufziehen, die Fäden dabei durch eine Reihe der Schildkröte schieben.

2 Die **Herzen** mit je einem 30 cm langen Messingdraht flach arbeiten. Im Wechsel Herzen und Perlen auf einen Perlonfaden aufschieben, wie oben beschrieben.

3 Die **Blütensträhne** wird nur mit dem Perlonfaden gefertigt. Eine Perle in die Mitte eines Perlonfadens schieben, dann mit beiden Enden weiterarbeiten.

4 Die **Vögel** mit je einem 40 cm langen Draht flach arbeiten. Auf die Enden eines Perlonfadens im Wechsel Perlen und Vögel aufziehen.

HINWEIS

Mit einem Verschluss versehen, können die Perlenstränge auch als lange Ketten getragen werden (s. Vorlage 18).

Glückskäfer und Kleeblätter

Glückskäfer und vierblättrige Kleeblätter sind altbekannte Glückssymbole und werden zu den verschiedensten Anlässen verschenkt. Nach Wunsch können sie auf kleinen Geschenkdosen, auf Serviettenhaltern u.a. fixiert werden.

Material

Glückskäfer

- Rocailles in Hautfarben, Schwarz, Rot oder Gelb oder Aquamarin, 2,5 mm Ø
- Messingdraht, 0,3 mm Ø

Kleeblätter

- Rocailles in Grün, Hellgrün, 2,5 mm Ø
- Messingdraht, 0,3 mm Ø

Vorlagen 19 - 20

Glückskäfer

Den Glückskäfer mit einem 1,20 m langen Draht von vorne nach hinten plastisch arbeiten. Der Anfang: Die erste Reihe (= oben) und die zweite (= unten) mit je drei Perlen arbeiten, dann mit einem Drahtende eine Perle aufnehmen und den Draht nochmals durch die zweite Reihe ziehen. Die Reihen mit Fühlern und Beinen immer zunächst mit einem Drahtende arbeiten, dann erst das andere durch alle Perlen der Reihe entgegengesetzt hindurchschieben.

Kleeblätter

Das flach gearbeitete Kleeblatt wird in drei Schritten hergestellt. Zunächst mit einem 50 cm langen Drahtstück zwei gegenüberliegende Blätter arbeiten, mit einem zweiten Draht (50 cm) die anderen beiden Blätter, zuletzt mit einem weiteren Draht den Stiel. Der Anfang: Die erste Reihe mit fünf Perlen in die Mitte des Drahtes schieben. Für die zweite Reihe auf ein Drahtende drei Perlen aufschieben, den Draht durch die mittlere Perle der ersten Reihe ziehen und nochmals drei Perlen aufziehen, das andere Drahtende durch alle sieben Perlen entgegengesetzt zurückschieben. Die beiden Blätter beenden, die Drahtenden „vernähen".

Das dritte Blatt ebenso beginnen und bis zur mittleren Perle fortsetzen, dann beide Drahtenden durch die mittlere Perle der beiden fertigen Blätter ziehen und das letzte Blatt arbeiten. Durch die mittlere Perle einen Draht für den Stiel einziehen.

Ägyptische Glücksbringer

Für die Ägypter bringt der Skarabäus Glück, schützt vor Gefahren und hütet die Geheimnisse des Lebens und der Liebe. Fatimas Hand bewahrt vor dem bösen Blick und dem Neid anderer Menschen. Die Zahl 5 ist die Zahl des Lebendigen und damit Schutz vor dem Bösen.

Material

Skarabäus

- Rocailles in Türkis, Schwarz, Smaragd, 2,5 mm Ø
- Messingdraht, 0,3 mm Ø

Goldkugel

- Rocailles in Gold, 2,5 mm Ø
- Holzkugel in Gelb, 12 mm Ø
- Messingdraht, 0,3 mm Ø
- Schlüsselanhänger in Gold

Kette mit Händen

- Rocailles in Weiß oder Grau oder Schwarz, 2,5 mm Ø
- Perlonfaden in Schwarz, 0,25 mm Ø
- Messingdraht, 0,3 mm Ø
- Schraubenschließe in Silber

Vorlagen 21 - 23

Skarabäus

Plastisch mit einem 1 m langen Draht arbeiten. Mit den Fühlern beginnen. Jeweils nach einer unteren Reihe auf jeder Seite einen Fuß arbeiten. Beim Zurückziehen des Drahtes die Perlen dabei ganz nahe am Körper festhalten.
Tipp: Die Drähte nach dem Anfertigen der Beine nochmals entgegengesetzt durch die letzte, untere Reihe des Körpers ziehen.

Goldkugel

Die „Mistkugel" für den Skarabäus mit einem 90 cm langen Draht arbeiten: Den Draht durch die Holzkugel ziehen (Überstand ca. 10 cm), zehn Rocailles aufnehmen und den Draht erneut durch die Holzkugel ziehen, diese Arbeitsschritte neun Mal wiederholen. Fünf Mal jeweils fünf Rocailles aufnehmen und den Draht jeweils durch die Holzperle führen, dabei die Fünferreihen jeweils zwischen zwei Zehnerreihen einordnen. Die Drahtenden „vernähen". Mit Perlonfaden Kugel, Käfer und Schlüsselring verbinden.

Kette mit Händen

Die Hände mit jeweils einem 50 cm langen Draht flach arbeiten. Nach der vierten Reihe mit nur einem Drahtende die Finger fertigen. Nach jedem Finger den Draht durch eine oder zwei Perlen der vierten Reihe ziehen (s. Vorlage). Im Wechsel Perlen und Hände auf einen Perlonfaden aufziehen.

Glücksbärchen

Mit Teddybären kann man kuscheln, sie geben das Gefühl von Geborgenheit und nehmen so kleinere Ängste. Wer kennt nicht dieses Wohlgefühl aus der Kindheit? Vielleicht liegt es daran, dass Bären so oft auch als Glückssymbole gesehen werden.

Material

Kleiner Teddy

- Rocailles in Weiß, Hellbraun oder Wasserblau, Schwarz, 2,5 mm Ø
- 1 Goldperle, 3 mm Ø
- Messingdraht, 0,3 mm Ø

Großer Teddy

- Rocailles in Schwarz, Elfenbein, 5 mm Ø
- 6 Goldperlen, 4 mm Ø
- 1 Goldperle, 6 mm Ø
- Messingdraht, 0,4 mm oder 0,6 mm Ø

Vorlage 24

Kleine Teddys

Die kleinen Teddys plastisch arbeiten, Kopf und Körper mit separaten Drähten anfertigen. Vier weitere Drähte für die plastischen Beine einziehen. Mit dem Kopf beginnen: Die „Nasen-Perle" in die Mitte eines 45 cm langen Drahtes schieben, die nächsten sieben Reihen aufziehen und in die siebte Reihe einen 90 cm langen Draht für den Körper einziehen. Den Kopf mit den Kopf-Drahtenden abschließen. Die Reihe mit den Ohren zunächst mit einem Drahtende arbeiten, das andere durch neun Perlen entgegengesetzt zurückschieben. Die letzten drei Reihen des Kopfes legen, die Drähte „vernähen". Mit dem eingezogenen Draht den Körper plastisch arbeiten. Soll der Bär den Kopf nach unten neigen, mit der mit einem Stern gekennzeichneten Reihe (= hinten) beginnen, soll er nach oben blicken, dann mit der mit einem Dreieck gekennzeichneten Reihe (= vorne) anfangen.

Großer Teddy

Den großen Teddy nach der gleichen Vorlage mit Rocailles in Elfenbein arbeiten. Die Drahtlänge des Kopfes beträgt 60 cm, die des Körpers 1,50 m. Die große Goldperle als Nase verwenden, die kleineren für das Innere der Ohren und die Enden der Beine.

Aus dem alten China

In China gilt die Fledermaus als Glücksbringer. Fünf Fledermäuse bedeuteten in Altchina die fünf Glücksgüter, nämlich hohes Alter, Reichtum, Gesundheit, Liebe und natürlichen Tod. Rote Fledermäuse sollen dämonische Mächte abschrecken. Das Ornament ist dem altchinesischen Symbol für „doppeltes Glück" nachempfunden.

Material

Fledermaus-Ornament

- Rocailles in Kupfer, Braun, Bordeaux, Schwarz, 2,5 mm Ø
- Messingdraht, 0,3 mm Ø
- Perlonfaden in Schwarz, 0,25 mm Ø

Kleine Fledermäuse

- Rocailles in Kupfer, Braun, Bordeaux, Schwarz, 2,5 mm Ø
- Stahldraht in Gold
- Schraubenschließe in Gold
- 2 Quetschperlen in Gold, 2 mm Ø

Vorlagen 25 - 26

Ornament mit großen Fledermäusen

Den Körper mit einem 60 cm langen Draht flach arbeiten. Nach der vierten Reihe mit jedem Drahtende ein Ohr aufziehen und den Draht jeweils durch die beiden äußeren Perlen der vierten Reihe nach außen ziehen. Dann die fünfte Reihe an die vierte anschließen. Die Ohren liegen über der fünften und den folgenden Reihen. Zwei je 60 cm lange Drähte für die flach zu arbeitenden Flügel einziehen. Nach der vorletzten, roten Reihe des Körpers mit jedem Drahtende einen Fuß fertigen, die letzte Reihe mit drei roten Perlen legen. Die Flügelenden einrollen. Nach Wunsch zwei Fledermäuse mit einem kurzen Draht zusammenbinden, für die Kette auf einen Perlonfaden in Schwarz aufziehen.

Kette mit kleinen Fledermäusen

Die kleinen Fledermäuse in gleicher Weise nach getrennter Vorlage flach arbeiten (Drahtlänge für den Körper 50 cm, für die eingezogenen Drähte der Flügel je 40 cm). Im Wechsel kleine Fledermäuse und Rocailles auf einen Stahldraht aufziehen, die Schraubenschließe einhängen und das Ende des Drahtes jeweils mit einer Quetschperle fixieren.

Frieden und Liebesglück

Weiße Tauben sind als Überbringer von kleinen Liebesbotschaften oder von Friedenszeichen im weiteren Sinne wohl ebenfalls zu den „Glücksbringern" zu zählen.

Material

Taube

- Rocailles in Schwarz, Weiß, Grau, 2,5 mm Ø
- Messingdraht, 0,3 mm Ø
- Stieldraht, 1,2 mm Ø
- Transparent-Nähfaden

Herzen

- Rocailles in Rot, Grün oder Weiß, Royalblau, Türkis, 2,5 mm Ø
- Messingdraht, 0,3 mm Ø

Für die Kette zusätzlich

- Rocailles in Schwarz, 5 mm Ø
- Stahldraht in Gold
- Quetschperlen in Gold
- Schraubenschließe in Gold

Vorlagen 27 - 28

Tauben

Die Taube mit einem 1,20 m langen Draht von vorne nach hinten plastisch arbeiten. Die drei letzten Reihen des Schwanzes flach aneinander legen. Für die flach gefertigten, anliegenden Flügel durch je zwei Perlen einer Reihe zwei Drähte einziehen. Für die Flügel der fliegenden Taube zwei Drähte durch zwei verschiedene, obere Reihen einziehen. Nach jeder flach aneinander geschobenen Reihe mit dem hinteren Drahtende eine abstehende Feder arbeiten, nach der letzten zwei Federn. Durch Perlen von zwei unteren Reihen zwei Drähte für die Beine einziehen. Die Reihen der Beine abwechselnd nach außen und innen legen, dann mit dem hinteren Draht die hintere Zehe aufziehen, den Draht durch die vorletzte Reihe des Beines nach vorne ziehen und drei Zehen arbeiten. Nach Wunsch ein Ende eines Stieldrahtes spiralförmig eindrehen, rund biegen und die Taube mit einem transparenten Faden anbinden.

Herzen

Das Herz flach arbeiten. Die fünfte Reihe: Auf jedes Drahtende zwei Perlen aufschieben, dann die Drähte entgegengesetzt durch die mittlere Perle der vierten Reihe ziehen. Nach Wunsch nach dem „Stiel" ein weiteres Herz anschließen.

Kette

Mit den Herzen und einigen Perlen lassen sich schnell hübsche Ketten erstellen. Sie werden durch das Zusammendrücken der Quetschperlen auf dem Schmuckdraht fixiert.

Glücksdrachen

In China gilt der Drache als ein Schutzwesen, das Leben und Fruchtbarkeit bringt. Der Drache ist das Symbol für Kraft, Weisheit und Glück.

Material

- Rocailles in Hellgrün, Jade, Kupfer, Schwarz, Bordeaux, 2,5 mm Ø
- Messingdraht, 0,3 mm Ø

Vorlage 29

1 Beide Drachen mit einem 2,50 m langen Draht plastisch von vorne nach hinten fertigen. Zunge, Ohren und die Zacken am Kopf mit den Drahtenden des Körpers fertigen, für die Beine insgesamt vier Drähte durch Perlen von unteren Reihen einziehen, für die Flügel zwei Drähte durch Perlen von oberen Reihen.

2 Der Anfang ohne Zunge: Vier Perlen in die Mitte des Drahtes schieben, die zweite, untere Reihe mit vier Perlen aufziehen, mit einem Drahtende eine Perle aufnehmen und den Draht nochmals durch die zweite Reihe ziehen. Die Perle füllt die Lücke zwischen den beiden Reihen.

3 Der Anfang mit Zunge: Die ersten beiden Reihen wie oben unter Punkt 2 beschrieben arbeiten, dann mit einem Drahtende acht Perlen für die Zunge aufnehmen, den Draht durch die ersten sieben Perlen der Zunge und nochmals durch die zweite Reihe zurückziehen.

4 Die Reihen mit Ohren und Zacken immer zunächst mit einem Draht arbeiten, zum Schluss den anderen Draht durch alle Perlen der Reihe zurückziehen.

5 Die Beine plastisch fertigen. Mit dem hinteren Draht die hintere Zehe aufziehen und den Draht durch die vorletzte Reihe nach vorne schieben. Mit beiden Drahtenden zwei Reihen flach nach vorne arbeiten, dann mit einem Drahtende fünf Zehen aufziehen. Die Flügel flach herstellen.

Impressum

ISBN 3-419-56337-X

2. Auflage 2002

Lektorat:
Dr. Ute Drechsler-Dietz, Hechingen

Styling und Fotos:
eska

Titelbild:
Roland Krieg, Waldkirch

Covergestaltung und Layoutentwurf:
Network!, München

Gesamtproduktion:
smp, Freiburg
Layout: Gisa Bonfig

Druck:
Freiburger Grafische Betriebe

Wir sind für Sie da, wenn Sie Fragen haben.
Und wir interessieren uns für Ihre eigenen Ideen und Anregungen.
Schreiben Sie uns, wir hören gerne von Ihnen!
Ihr Christophorus-Team

Christophorus-Verlag GmbH
Hermann-Herder-Str. 4
79104 Freiburg
Tel.: 0761/ 27 17-0
Fax: 0761/ 27 17-3 52
oder e-mail:
info@christophorus-verlag.de

Profi-Tipp der Autorin

Einfach praktisch: Quetschperlen

Quetschperlen sind kleine Metallringe (2 mm ø), die sich mit einer kleinen Zange leicht zusammendrücken lassen und so zwei Schmuckdrähte sicher zusammenhalten oder vereinzelt aufgeschobene Perlen auf einem Schmuckdraht unverrückbar fixieren. Auch die Glückssymbole können damit einfach und sicher an Ketten befestigt werden. Durch den Wechsel von einzelnen Perlen und Draht wirken die Ketten leicht und duftig.
Besonders gut für Schmuck eignen sich Stahldrähte, die mit Plastik in verschiedenen Farben ummantelt sind.

Weitere Titel von Ingrid Moras

3-419-56403-1

3-419-56329-9

3-419-56328-0